AF190815

Herstellung und Verlag:
Books on Demand GmbH, Norderstedt.
ISBN 978-3-8391-3591-4

Das Leben ist ein Theaterstück: Wir suchen uns Backstage die Rolle aus. Auf der großen Bühne wird die Rolle gelebt. Und wenn schließlich der Vorhang fällt, ist das Theater vorbei und die Existenz geht weiter...

Dennis Beurenmeister

Dank

Es gibt im Leben Augenblicke, wo man eine Idee hat und denkt: „Mensch, das ist es!" Jedoch kann man mit übereifrigem Handeln sehr böse auf die Nase fallen. Manchmal so sehr, dass die Narben nicht mehr ganz verschwinden. Der Mensch tut im blinden Eifer oft Dinge, wo er seine innere Stimme ignoriert und mit aller Kraft seine ach so tolle Idee, welche auch immer, in die Tat umsetzen möchte. Meine Familie hat bis heute immer nur das Beste für mich gewollt, auch wenn ich es nicht glauben wollte und ehrliche Kritik nicht selten für einen Angriff gehalten habe. Menschen, die ehrlich sind, Kritik äußern und einem Aufmerksamkeit schenken, sind wahrlich die wertvollsten Geschenke, die ein Mensch überhaupt haben kann. Daher möchte ich mich bei meiner ganzen Familie auf das herzlichste für jegliche Kritik, Warnung und nicht zuletzt für sämtliche Unterstützungen bedanken.

Danken möchte ich auch meinem Freund und erfahrenen Energiearbeiter Mario Hauk, der mich nach der Fertigstellung des Buches großartig unterstützt – und im starken Glaube an dieses Buch dafür gesorgt hat, dass es das Licht unserer Welt erblickt hat.

Auch Friederike Steinberg möchte ich meinen aufrichtigen Dank aussprechen. Dank Ihr hat die Idee, ein Buch zu schreiben, sehr schnell an Fahrt gewonnen.

Zum Schluss möchte ich mich bei all den Lesern bedanken, die dieses Buch lesen werden und gelesen haben. Die persönliche Anrede habe ich absichtlich gewählt, weil es meiner Meinung nach eine sympathische und vertrauensvolle Atmosphäre schafft.

Inhaltsverzeichnis

Vorworte des Autors

Du fühlst vielleicht ein gewisses Maß an Interesse
für das Thema 2012, bist aber noch etwas unsicher,
weil dieser Themenbereich sehr gerne mit dunklen
und negativen Situationen in Verbindung gebracht
wird. Du hast dieses Thema vielleicht mit Begriffen
wie Weltuntergang, Armageddon oder dem Ende der
Menschheit assoziiert. Dieses Buch ist für Leute
gedacht, die auf keinen Fall mit der Welle der aktuellen und eventuell noch kommenden Panikmache
mitschwimmen wollen.
Wer bisher glaubte, das Thema sei uninteressant,
sollte gehörig umdenken. Wenn Medien wie TV
(Television = Tell a Vision) & Co. von spirituellen
und esoterischen Dingen berichten, kann man davon
ausgehen, dass beim Betrachter ein Gefühl der
Abneigung und vor allem Unsicherheit zurückbleibt.
Gerade bei jungen Menschen wird die Spiritualität
nicht selten lächerlich gemacht. Ich werden recht
früh erklären, warum das überhaupt so ist. Mit
Absicht gehe ich bei den Themen nicht ins tiefste
Detail, sondern erwähne das nötigste in verständ-
lichen Worten. Solltest Du Dich für eines der
Themen interessieren, freue ich mich und gebe Dir
im letzten Kapitel diverse Vorschläge.
Jeder Mensch auf diesem Planeten ist einzigartig
und auch Du hast aufgrund Deiner Gedanken,
Entscheidungen und somit Erfahrungen eine ganz
einzigartige und persönliche Wahrheit. Es ist so:

Aus Deinen Gedanken werden Entscheidungen, aus Deinen Entscheidungen gewinnst Du an Erfahrung. Aus all Deinen Erfahrungen schließlich bildet sich im Laufe Deines Lebens so etwas wie eine Wahrheit. Deine eigene, persönliche Wahrheit. Etwas, an das Du glaubst. Ich möchte hier unmissverständlich kundtun, dass ich mit diesem Buch nicht in Deinen Glauben eingreifen möchte. Dieses Buch soll weder bekehren oder manipulieren, noch richten oder bewerten. Die Informationen in diesem Buch beziehen sich, abgesehen vom letzten Kapitel, nicht auf das direkte Weltgeschehen. Aber sie sind auf keinen Fall minderwertig, im Gegenteil. Sie öffnen Dir die Türen, durch die Du nur noch gehen musst, um zu verstehen, dass wir momentan nicht mehr sind als Marionetten, die glauben, frei zu sein.

Am Ende des Buches werden Deine Fäden, mit denen man Dich steuert, vielleicht immer noch da sein. Aber ich zeige Dir, dass es eine Schere gibt, die die Fäden durchtrennen kann. Diese Schere kannst Du weder kaufen, noch kann sie gefunden werden. Du selbst hast diese Schere in Form eines neuen Bewusstseins in Dir, Du muss nur noch lernen, wie sie benutzt wird. Ich wünsche mir, dass Du mit der Hilfe der folgenden Seiten lernst, wie Du das anstellst. Dazu sind keine teure Kurse notwendig, die irgendwelche Personen anbieten. Natürlich können Dir Kurse und Übungen in bestimmten Situationen helfen, aber all das wird unnötig erschwert, wenn Du kein Interesse für diese ganze Thematik zeigst. Du solltest dafür schon offen sein!

Dazu muss es einfach nur in Deinem Kopf *klick* machen, und das passiert meist im Bruchteil einer Sekunde. Dieser eine *klick* kann eine geistige Initialzündung verursachen und alles verändern. Daher bitte ich Dich auch, nicht sofort alles zu glauben, was ich hier schreibe. Ich meine damit, dass Du zum hinterfragen und prüfen angeregt werden sollst. Ja, Du bist sogar dazu aufgefordert, herauszufinden, ob das, was auf diesen Seiten steht, tatsächlich sein kann. Wenn Du das tust, habe ich mein Ziel erfüllt: Ich habe Dir die Tür geöffnet, durch die Du nun bereit bist zu gehen. Natürlich freue ich mich, wenn Du den Inhalt des Buches ohne zu hinterfragen glaubst. Du wirst definitiv nicht enttäuscht werden.

Zum Inhalt

Mein Ziel ist, das verstanden wird, worum es beim Thema 2012 geht, was wir sind und was uns aller Wahrscheinlichkeit nach erwartet. Es ist immer leicht zu sagen, dass wir kontrolliert werden und uns lebenswichtige Informationen vorenthalten werden. Aber es ist so! *Klick* gemacht hat es nur bei wenigen. Die meisten denken sich: *„Wenn wir kontrolliert werden oder kaum etwas von der Wahrheit wissen, ist es eben so. Ich kann daran wohl auch nichts ändern"*. Kaum ein Irrtum kann heute größer sein. Gerade DU bist wichtig, wie Du noch lesen wirst. Nichts kann momentan so falsch sein als zu denken, dass ein Mensch alleine nichts ausrichten kann! Wie schon erwähnt, ist das Buch bewusst klein gehalten. Es kommt nicht auf viele Seiten, sondern auf gut gewählte Beispiele und Formulierungen an. Was nützt das dickste Buch, wenn man von Fragezeichen umkreist wird? Viele Menschen wollen etwas in der Hand haben und bilden sich ein, dass eine wunderschöne Optik und große Seitenzahlen automatisch etwas über die Qualität aussagt. Ich selbst habe die Erfahrung gemacht, dass einige wenige Sätze aussagekräftiger sein können als ein vollständiges Buch. Ein einziger Satz kann bei Dir etwas auslösen, was Folgen für dein ganzes Leben haben kann.

Was das reine Verstehen betrifft, bedarf es oft nicht mehr als ein paar passende Sätze. Daher hoffe ich sehr, dass ich die für Dich perfekten Worte gefunden habe. Entschuldige jedoch bitte manche Formulierungen, die vielleicht nicht gerade die Verkörperung der Schriftsteller-Kunst sind.

Man soll Menschen, die die Wahrheit hören wollen, immer zuerst fragen, ob sie diese ertragen können. Ich frage Dich jetzt ganz direkt: Kannst Du die Wahrheit ertragen? Möchtest Du ein neues, verbessertes Weltbild und das damit verbundene neue Bewusstsein erlangen? Oder möchtest Du lieber in Deinem quasi automatisierten, gewohnten, wenn auch vielleicht wunderschönen Alltagsleben verbleiben, bis Deine Stunde gekommen ist?

Bedenke, dass es den Informationen auf den folgenden Seiten egal ist, wer Du bist, wie alt Du bist oder was Du bisher in deinem Leben erreicht hast. Sie sind für jeden Menschen gleich wichtig, ob man sie nun schon kennt oder nicht.

Was ist denn eine Wahrheit?

Eine Wahrheit ist ein nicht anfechtbarer Umstand oder Zustand, sie IST einfach. Wenn ich ab dem jetzigen Punkt von Wahrheit rede, ist es natürlich immer *nur* meine persönliche Wahrheit. Ich werde mir nicht anmaßen, dass ich DIE Wahrheit kenne. Du definierst sie vielleicht anders. Aber ich wünsche mir, dass du hinter die Worte schauen kannst und dass meine Wahrheit auch die Deine wird. Beim Lesen des Buches wirst Du vielleicht das Verlangen haben, es wegzuwerfen. Denn Du wirst einige Dinge erfahren, die mit Deinem momentanen Weltbild kollidieren. Aber ich sage Dir jetzt: Halte bitte durch und lass die Informationen in Dich einsickern! Du könntest das Buch vielleicht wie einen Roman lesen. Die Geschichte eines erfundenen fiktiven Romans nimmst Du im Augenblick des Lesens ja auch als Wahrheit an. Bücher über die unterschiedlichsten Weltverschwörungstheorien liest Du Dir eventuell auch durch und lässt dann die gelesenen Informationen wirken.

Danach kannst Du immer noch abwägen, was in Deinen Augen möglich ist und was nicht. Es geht mir nur darum, dass Du die Informationen in diesem Buch gelesen hast. Ob Du sie für blanken Unsinn bezeichnest oder mit in Dein Leben einfließen lässt, ist vorerst einmal egal. Wichtig ist, dass Du sie hast.

Wenn Du sie jetzt nicht brauchst – vielleicht jedoch in der nahen Zukunft.

Die nun folgende, kurze Geschichte soll verständlich machen, was es mit der Wahrheit auf sich hat, die in diesem Buch gemeint ist. Ignoriere bitte bei all meinen Geschichten und Beispielen Deinen Verstand, der nach der Logik im Detail sucht. Versuch nur, die Botschaft darin zu erspüren.

Stell Dir jetzt einmal die reine Wahrheit als einen gigantischen, unterirdischen Ozean vor. Die ganze Erdoberfläche ist jedoch Festland, auf dem sich sehr viele kleine Seen befinden. Jeder See symbolisiert einen Mensch. Alle Seen, also alle Menschen, sind durch kleine Flüsse zu jeder Zeit miteinander verbunden. Somit ist jeder See gewissermaßen ein Teil von allen anderen Seen – wie ein riesiges Netzwerk. Jeder See nimmt sich jedoch nur selbst wahr und hat keine Ahnung, dass es eine große Verbindung mit den anderen gibt. Was auch kaum ein See weiß, ist die Tatsache, dass es noch einen weiteren Fluss gibt, der zum Ozean der Wahrheit führt. Ausnahmslos jeder See hat diesen Fluss, ob dieser das nun weiß oder nicht. Jeder Mensch hat somit auch diese Verbindung. Die Menschen sehen aber nur ihre eigene Wahrheit und ignorieren, dass tief im inneren viel mehr ist. Es ist eine all umfassende Wahrheit, die alle Menschen betrifft und über Begriffe wie „Geschmackssache" oder auch „Ansichtssache" weit hinaus geht.

Ich denke, ich bin einer der immer zahlreicher werdenden Menschen, die es geschafft haben, diesen Fluss zur Wahrheit zu erkennen. Ich bin weder allwissend, noch etwas Besseres als Du. Aber ich habe gelernt zu unterscheiden, wann sich etwas als wahr anfühlt und wann nicht. Ich lehne etwas Neues nicht sofort ab, auch wenn es sich im ersten Moment total lächerlich anhört.

Das hört sich für Dich vielleicht kompliziert an, ist es aber nicht. Es ist sehr viel leichter als Du denkst. Das menschliche Gehirn verbindet etwas Neues oft mit etwas kompliziertem. Das einzige was Du brauchst, um ebenfalls zur Wahrheit zu kommen, ist Offenheit. Wenn Du offen bzw. bereit für nicht alltägliche Dinge bist, hast Du schon das universelle Werkzeug. Oder um es anders auszudrücken: Eine gesunde Portion Neugierde für spirituelle Themen ist meistens der Schlüssel, den Du brauchst. Benutze ihn!

Was bringt Dir das Buch?

Dieses Buch hat eine Aufgabe: Dich aufzuwecken!
Dein Verstand wird nun vielleicht Einspruch erheben
und einwerfen, dass Du doch bereits wach bist. Was
ist mit aufwecken gemeint? Dazu möchte ich Dir
auch hier eine kleine Geschichte erzählen. Du weißt:
Nicht nach der Logik im Detail suchen, sondern nur
die Botschaft heraushören.

*Es war einmal ein kleiner, unscheinbarer Fisch, der
fast sein ganzes Leben in den dunklen, kalten Tiefen
des Ozeans verbracht hat. Er glaubte nur das, was
er auch sehen und fühlen konnte, etwas anderes
kannte er ja nicht. Nach oben schwimmen kam für
ihn nicht in Frage, denn die anderen sagten, dass es
sehr gefährlich sein könnte. Das Leben, wie es dort
unten existiert, war er gewohnt. Warum sollte er
dann sinnlose Experimente machen und nach oben,
in unbekannte Reiche, schwimmen? Er könnte in
Gefahr geraten oder gar nicht mehr zurück finden.
Außerdem würde er bestimmt ausgelacht werden,
wenn er plötzlich anfängt, sich für Dinge zu
interessieren, die „anders" sind.
Er hatte keine Ahnung, dass es jenseits des tiefen
dunklen Wassers eine andere Welt gibt, wo reines
Licht regiert. Eine wundervolle, friedliche Welt,
auch wenn sie der Fisch in seiner jetzigen Fischform
nicht betreten konnte. Seine Neugierde auf das
„Neue" nahm Überhand und eines Tages war es
dann schließlich soweit. Er nahm seinen ganzen*

*Mut zusammen und entschied sich eines Tages dafür,
diese alltägliche Welt zu verlassen. Etwas in ihm
schrie permanent danach, aus dem immer gleichen
automatisierten Alltag auszubrechen und ....
aufzusteigen!*

*Er schwamm nach oben, immer weiter und weiter,
bis es irgendwann wärmer und heller wurde. Er
durchbrach schließlich zum ersten mal die Wasser-
oberfläche, ruhte sich auf einem nahen Stein aus
und sah das Licht. Er erfuhr etwas, das er in dieser
Stärke nie Erfahren durfte: Vollkommenes Vertrauen
in das Leben. Er weinte vor Glück und konnte das
Gefühl des Friedens und das Gefühl des hellen, war-
men Lichts nicht in Worte fassen. Er wusste nun,
dass sein Leben nur ein Bruchteil von allem ist und
empfand ein starkes Gefühl von Vertrautheit. Es war,
als ob er in diesem Reich seine wirkliche Heimat
wiedergefunden hat. Er lachte voller Freude und
Erleichterung. Bevor der letzte Funken seines Lebens erlosch, tauchte der kleine Fisch wieder in das
Wasser. Bestärkt in seinem Glauben an Frieden und
Glück, schwamm er zurück in die Dunkelheit. Ganz
egal, wie hart sein Leben auch sei, er wusste nun,
dass er irgendwann in dieses Reich voller Licht und
Frieden zurückkehren würde. Er kannte nun ein
Stück der Wahrheit.*

*Der Fisch kam zu Hause an und begann voller
Drang und Motivation, seiner Familie und seinen
Freunden zu erzählen, was da oben in den höheren
Reichen wartet. Die Fische, die schon etwas reifer
waren, hörten immerhin zu. Sie konnten zwar nicht*

*nachvollziehen, was der kleine Fisch erlebt hat,
aber sie erkannten die Wahrheit in seinen Worten
und allein die Tatsache, dass jeder einmal diesen
Frieden und das warme, sichere Licht spüren würde,
macht auch ein Leben in Dunkelheit ertragbar. Viele
Freunde des kleinen Fisches lachten sich jedoch
krumm, amüsierten sich über die Geschichte und
machten den kleinen Kerl lächerlich. Andere Fische
wiederum waren sogar verärgert, weil er ihr gewohntes Weltbild aus dem Gleichgewicht bringen
wollte. Sie waren so versteift im Glauben an ihre
dunkle, kalte Tiefe, dass alles andere ein Angriff
war. Die letzten Worte des kleinen Fisches dazu:*

„Leben, meine Freunde, bedeutet Veränderung"

Wenn Du die Informationen in diesem Buch nicht
gleich verteufelst, sondern mit in Dein Leben einfließen lässt, ist das schon die halbe Miete. Stell dir
das Buch wie ein Navigationsgerät vor. Das Ziel ist
der Aufstieg bzw. ein neues Bewusstsein und dieses
Buch kann Dir eine Route dorthin zeigen. Es mag
sein, dass Du Dich hin und wieder auf Seitenwegen
umschaust, aber vergiss bitte nicht das Ziel.

Bist Du bereit oder nicht?

Welche Sorte Mensch bist Du? Daher hast Du nun eine Wahl. Erinnerst Du Dich noch? Aus Gedanken werden Entscheidungen. Aus Deinen Entscheidungen werden Erfahrungen, aus denen sich deine persönliche Wahrheit zusammensetzt. Nun, dies ist jetzt der Zeitpunkt, sich zu entscheiden. Auf den nächsten Seiten wirst Du mit drei Möglichkeiten konfrontiert, die Dir zeigen sollen, wo Du aktuell stehst. Schon jetzt sei Dir gesagt: Diese Möglichkeiten sollen Dir nur helfen, Deine Situation einzuschätzen. Sehe es nicht als Bewertung.

Deine erste Möglichkeit:

Du willst Dein Leben so weiterleben wie bisher und glaubst an das, was du glauben sollst und willst. Das TV, die Zeitung sowie alle anderen Medien sind für Dich die Wahrheit und Du machst Dir nicht die Mühe, Dinge zu hinterfragen. Allein die Wörter Geistführer, Meditation oder Spiritualität sind Grund genug für Dich, das Weite zu suchen und Menschen vielleicht sogar lächerlich zu machen, die sich für diese Dinge entschieden haben. Du lehnst jede neue Information ab, die sich nicht mit Deinem eigenen Weltbild deckt. Alles ist gut so wie es ist und Du verzichtest auf jegliche Veränderung in deinem Leben. Bezogen auf die vorherige Geschichte bist Du der kleine Fisch, der allerdings in den kalten, dunklen Tiefen bleiben möchte.

Deine zweite Möglichkeit:

Du planst nicht, Dein Weltbild zu verändern, bist aber bereit, Dir zumindest das anzuhören, was nicht zum alltäglichen Gesprächsgegenstand zählt. Du hast ein gewisses Interesse an Dingen, über die man in der Öffentlichkeit nicht gerne oder wenig spricht. Du verspürst vielleicht Konflikte, die sich zwischen Herz und Verstand abspielen. Denn während Dein Verstand von spirituellen Dingen nichts wissen will, fängt Dein Herz an zu erkennen, dass da doch mehr sein muss. Es ist durchaus möglich, dass es für Dich noch eine andere Wahrheit als dein jetziges Weltbild bzw. Dein Leben gibt. Du bist an neuen Sichtweisen immerhin interessiert, weißt aber nicht, ob Du sie auch erforschen willst. Anhand der Geschichte bist Du eine Freund des kleinen Fisches, der etwas Neues nicht sofort ablehnt, sondern die neue Information erst einmal so im Raum stehen lässt.

Deine dritte Möglichkeit:

Du spürst deutlich, dass Dein Leben unter einer Decke liegt. Selbst wenn Du ein ausgefülltes und glückliches Leben hast, hörst Du eine vertraute, innere Stimme, die Dir ständig widersprüchliche Signale sendet, sobald Dir jemand etwas über das aktuelle Weltbild weismachen will. Du erkennst, dass es an der Zeit ist, über die Signale deines Verstandes zu schauen. Du möchtest Deiner wahren

Bestimmung und somit deinem Herzen folgen. Du hast genug von den globalen Systemen, die stellenweise allen Ernstes mit Wohlstand in Verbindung gebracht werden und schreist nach Veränderung (siehe *Kapitel 8*). Du möchtest, dass die Menschen wieder als liebevolle, kollektive Einheit zusammenwachsen. Denn auf diese lieblose und dunkle Zeit, in der viele Menschen nur an sich selbst und kaum an ihre Mitmenschen denken, kannst Du getrost verzichten. Du bist keine Marionette mehr und suchst Gleichgesinnte.

Deine Entscheidung:

Wenn Du dein *Ich* in der ersten Möglichkeit wiederfindest, bist Du einfach noch nicht soweit. Das ist keinesfalls abwertend gemeint, denn jeder Mensch ist etwas Besonderes, egal mit welcher Einstellung. Du bist auf keinen Fall weniger Wert als die anderen Menschen auf diesem Planeten.

Gehörst Du zu dem Mensch mit der zweiten Einstellung, bist Du zumindest bereit Dich zu öffnen. Sich für spirituelle Dinge zu öffnen, bedeutet, dass man beginnt, sich für nicht alltägliche Dinge zu interessieren und dass man diese Dinge immerhin nicht spontan als Unsinn abstempelt. Offen zu sein ist sehr wichtig. Bevor Du durch eine Tür gehen kannst, muss diese ja auch offen sein. Nur so ist es Dir möglich zu erkennen, was dahinter ist und kannst somit den ersten sicheren Schritt gehen.

Durch eine geschlossene Tür zu stürmen ist mit Risiko verbunden, denn die plötzliche Wahrheit kann durchaus schmerzhaft und überfordernd sein.

Wenn Du Dich für die dritte Möglichkeit entscheidest, bist Du bereits offen und jede Zelle in Deinem Körper weiß bereits über diverse Wahrheiten Bescheid. Die Informationen in diesem Buch werden in deine Seele einfließen und Du wirst fast ohne Zweifel wissen, dass es die Wahrheit ist. Auch dann, wenn Du einige Dinge bereits weist.

Lass uns nun beginnen. Wenn Du in den folgenden Kapiteln hin und wieder zu zweifeln anfängst, erinnere Dich an das bekannte, aber sehr schöne Zitat von *Alfred Polgar*:

„Die Menschen glauben viel leichter eine Lüge, die sie schon hundertmal gehört haben, als eine Wahrheit, die ihnen völlig neu ist"

Kapitel 1

Was ist Bewusstsein?

Der Begriff Bewusstsein wird uns noch öfter begegnen. Dieses Wort sollte zugleich Weg und Ziel eines jeden Menschen sein. Aber was ist Bewusstsein? Stellt man einem Mensch die Frage, könnte als Antwort kommen: *„Es ist das ICH BIN Gefühl. Ich weiß, dass ich denke und tue"*. Diese Antwort ist korrekt, jedoch nicht ausreichend. Um Bewusstsein zu erklären, sollten wir kurz auf das Gegenteil, das Unterbewusstsein, ausweichen.

Das Unterbewusstsein ist quasi eine automatisierte Schaltzentrale, die ohne unseren Willen funktioniert. Auf unser Unterbewusstsein haben wir normalerweise keinen willentlichen Zugriff. Zum Beispiel Atmung: Müssten wir jeden einzelnen Atemzug gedanklich steuern, wären wir wohl kaum überlebensfähig, da wir uns ja ausschließlich mit dem Atmen beschäftigen müssten. Wenn Du Nachts schläft, wer atmet dann? Das Unterbewusstsein! Als ob sich in Dir noch ein zweites *ich* befindet, welches die Kontrolle über diverse Körperfunktionen übernimmt, ohne dass Du etwas dazu beitragen musst. Es geschieht einfach ohne Dein Zutun.

Das Bewusstsein ist das Gegenteil. Es ist ein Oberbegriff für all Deine Wahrnehmungen, Gefühle, Emotionen, die Du jetzt hast. Ich betone JETZT. Dein Bewusstsein ist weder in der Zukunft, noch in der Vergangenheit, weder im später, noch im vorhin. Bewusstsein ist nur im Jetzt, in genau diesem Augenblick. An dieser Stelle möchte ich gerne das

Buch „*JETZT – Die Kraft der Gegenwart*" von Eckhart Tolle erwähnen. Dieses Buch beschäftigt sich ausschließlich mit dem Jetzt.

Deine Gedanken sind zwar in der Lage, auf vergangene Ereignisse (z.B. Erinnerungen) und mögliche zukünftige Ereignisse (z.B. Wünsche) zuzugreifen, aber nicht Dein Bewusstsein. Das ist ausnahmslos in der Gegenwart, im Jetzt. In der heutigen Zeit neigen wir Menschen dazu, mit unseren Gedanken überall zu sein, nur nicht im Jetzt. Stell Dir vor, dass Du durch eine Fußgängerzone gehst und nicht erkennst, dass Deine Gedanken immer auf Reisen gehen. Das könnte so aussehen:

„*Was gibt es heute zu Essen? Verflixt, ich brauche ja noch Kartoffeln! Hab ich genug Geld dabei? Der Dieb aus dem Film gestern, der hatte ja echt viel Geld! Film? Ich muss mit meinen Kumpels mal wieder ins Kino fahren. Fahren? Oh, mein Auto schreit nach einem vollen Tank.*"

Natürlich bist Du während solcher Gedankenverkettungen bei Bewusstsein, aber nicht in der Qualität, die Du haben könntest. Daraus lässt sich schließen, dass es verschiedene Ebenen des Bewusstseins gibt. Tiere zum Beispiel haben ein ganz anderes Bewusstsein als Menschen, das bedeutet aber auf keinen Fall, dass sie minderwertige Lebewesen sind. Auch wenn wir sie mit ihrem Körper zu jederzeit sehen können, leben sie mit einer Wahrnehmung, die wir so nicht erfassen können. Bäume haben ebenfalls ihr ganz eigenes Bewusstsein. Für uns Menschen stehen sie still und wie tot im Wald herum, aber Bäume leben nur in einem Bewusstsein, das auf einer anderen und für uns nicht fassbaren Ebene liegt.

Wenn Du das Buch mit Interesse liest, wächst bereits Dein Bewusstsein. Du gehst dann sprichwörtlich mit anderen Augen durch diese Welt. Denn je höher Dein Bewusstsein ist, desto größer ist auch Deine Wahrnehmung. Es kommt aber noch besser: Das Bewusstsein kann nicht nur trainiert und geschult werden, es kann wahre Sprünge nach vorne machen. Stell Dir Dein Bewusstseins-Wachstum wie eine Treppe vor. Es gibt Zeitpunkte, wo Du die einmalige Gelegenheit hast, gleich mehrere Stufen nach oben zu springen. Genau diesen Zeitpunkt werden wir kennenlernen, denn wir leben in einer Zeit, wo es möglich sein wird, diesen Sprung zu machen. Es ist, wie Du vielleicht schon erraten hast, der Zeitpunkt um das Jahr 2012. Es gibt nur einen Fehler (ich nenne es bewusst mal so), den Du in der heutigen Zeit machen kannst: Diesen Zeitpunkt und die damit verbundenen Informationen zu unterschätzen! Du und Deine Seele seid nämlich etwas Besonderes und Ihr seid nicht ohne Grund in diesem Universum. Doch was ist eine Seele und was macht Ihr zwei hier überhaupt?

Kapitel 2

Unsere Seele, unser Universum

Du hast bestimmt schon oft gehört, dass Menschen eine Seele haben. Was ist eine Seele? Es würde den Rahmen sprengen, wenn ich auf jedes Detail und dessen Hintergründe eingehen würde, daher werde ich kurz, aber treffend zusammenfassen: Auch Du hast eine Seele. Ohne Deine Seele wäre Dein Körper nicht mehr als ein lebensunfähiges Stück Fleisch mit Haut und Knochen. Sie ist die Lebensessenz, quasi das Benzin, welches unserem Körper das Leben einhaucht. Ja, es ist die *Macht*, die unsere Muskeln, unsere Augen und unseren ganzen Körper leben lässt. Daher kommt auch die oft zitierte Aussage, dass ein Körper ohne Seele nicht leben kann.

Aber drehen wir den Satz mal um: Eine Seele kann ohne Körper allerdings sehr wohl leben. Die Seele kann demnach auch ohne einen festen Körper existieren. Ein kurzes Beispiel für Deine Unsterblichkeit: Stell Dir Wasser vor. Du kannst Wasser antun was Du willst, es existiert weiter. Wenn Du Wasser tödlicher Kälte aussetzt, verliert es seine Form und geht in eine andere über. Wenn Du Wasser mit tödlicher Hitze vernichten willst, verliert es erneut seine Form und geht abermals in eine andere über. Genauso ist es bei den Menschen. Ganz egal was man Dir antut – Dein Körper kann sterben, aber *Du* existierst weiter. Nicht in Deiner gewohnten fleischigen Körperform, aber Du existierst weiter. Du siehst: Ein Teil von Dir – der größer ist als Du denkst – ist unsterblich und kommt sogar immer wieder in diese Welt zurück, wie wir in *Kapitel 4* noch viel ausführlicher lesen werden. Kommen wir auf unser Universum zu sprechen.

Der Mensch, die Natur und unsere Erde haben jeweils ein eigenes Bewusstsein. Das haben wir schon in *Kapitel I* geklärt. Doch auch Sonnensysteme und Galaxien haben ihr eigenes Bewusstsein, auch wenn unser Verstand unmöglich begreifen kann, wie das wohl sein mag. Um noch eins drauf zu setzen: Auch unser Universum lebt und hat sein eigenes Bewusstsein. Stell Dir für einen kurzen Augenblick unseren Mikrokosmos mit all seinen Kleinstlebewesen, wie Bakterien und Viren, vor. Genauso, wie ein Bakterium für uns unfassbar klein ist, sind wir Menschen für andere Lebensformen ebenfalls so klein und sogar noch viel kleiner. Für unsere Mutter Erde beispielsweise sind wir Menschen wie die lebenden Zellen ihres Organismus.

Über die Größe unseres Universums braucht man nicht großartig zu reden, es ist hier und jetzt auch nicht wichtig. Für uns ist lediglich interessant, was dieses Weltall von anderen unterscheidet.

Nun, jedes Universum basiert auf Gesetzen. Ich rede nicht von Paragraphen oder sonstigen Ordnungen, sondern von Natur- und kosmischen Gesetzen.

Unser Universum unterliegt dem kosmischen Gesetz der Dualität (Dual = Der Gegensatz). Das bedeutet, dass wir in einem Universum der Gegensätze leben. Auch Du bist hier, damit Deine Seele erfahren kann, was es mit gegensätzlichen Umständen und Lebensweisen auf sich hat. Das Leben mit seinen Gesetzen, wie das der Schwerkraft, ist für Dich vollkommen normal. Du kennst ja im Augenblick nichts anderes und es ist schwer vorstellbar, dass es noch andere Welten gibt. Welten, die auf vollkommen anderen Gesetzen und Regeln basieren. Wir bleiben aber jetzt in unserem Universum und der Dualität. Was ist nun die Dualität und wie soll man sich das vorstellen? Es gibt zum Beispiel innen und außen, hell und dunkel, männlich und weiblich, liebe und hass, u.s.w.! All das ist dual, also gegensätzlich. Ein anderer, für uns jetzt wichtiger Gegensatz, ist feinstofflich und grobstofflich.

Die grobstoffliche Welt ist schlicht die Welt, die Du kennst. Einfacher gesagt, ist es die *feste* Welt, also die, die Du anfassen und sehen kannst. Holz, Metall, Haut, Knochen, Fleisch, Metall, Glas, Plastik, Pflanzen, u.v.m.! Die grobstoffliche Welt wird auch die physische Welt genannt. Davon leitet sich auch der physische Körper, der *feste* Körper, ab. Da Du von der grobstofflichen Welt jeden Tag umgeben bist und in ihr lebst, widmen wir uns der anderen, der dualen Seite.

Die feinstoffliche Welt ist das Gegenteil. Diese *Welt* schwingt / existiert auf einer Frequenz, die für Deine Augen gewöhnlich nicht sichtbar ist. Dies sind z.B. Sonnenstrahlen, die Aura, Erdlinien, Gedanken und natürlich auch Seelen und Geister. Jeder Mensch glaubt an Gedanken, weil man sie jede Sekunde denkt. Aber niemand kann sie sehen. Wie ist es mit den Sonnenstrahlen? Wenn Du unter einem blauen

Himmel spazieren gehst, weiß Du, dass sie da sind. Aber sehen kannst Du sie nicht. Zweifelst Du daher an ihrer Existenz? Nein! Spätestens, wenn Sonnenstrahlen durch die Wolken brechen, weiß Du, dass es sie gibt. Muss es wirklich immer einen Beweis geben? Wenn keine Wolken am Himmel sind, braucht es doch auch keinen. Ist das eine Wahrheit?

Zusammenfassung:
Wir leben also in einem dualen Universum, in dem alles gegensätzlich (dual) existiert. Bezogen auf den menschlichen Körper gibt es natürlich ebenfalls eine duale Seite. Die grobstoffliche Seite definieren wir u.a. als Haut, Haare und Knochen. Die feinstoffliche Seite ist für unsere Augen nicht sichtbar und stellt unsere Aura, die Seele, den Geist, usw. dar. Unsere Seele hat sich für Erfahrungen hier in unserem dualen Universum entschieden. Dazu später noch mehr.

Das ist alles schön und gut, aber heutzutage ist es nicht leicht, mit anderen Menschen über solche Dinge zu sprechen. Schon das Wort Aura löst nicht selten ein Schmunzeln beim Gegenüber aus. Warum ist das wohl so?

Kapitel 3

Warum werden spirituelle Themen lächerlich gemacht?

Was ist Spiritualität? Nun, kurz gesagt, bezeichnet man mit Spiritualität den Hang zum nicht greifbaren und zu Dingen, die meist jenseits unseren physischen (körperlichen) Augen liegen. Spirituelle Menschen fühlen sich unter anderem zu Themen wie dem Jenseits, Geister und der Meditation hingezogen und sind bereit, neue Dinge zu akzeptieren, ohne sofort Vorurteile zu erheben. Das hat nichts mit Naivität zu tun. Ein naiver Mensch glaubt fast alles ohne seine Zweifel zu hinterfragen. Wenn Du offen für die obigen Beispiele bist, ist dies vielleicht schon ein Anzeichen dafür, dass Du spirituell bist. Du musst weder eine Nahtod-Erfahrung gemacht, weder Geister gesehen, noch in einem Kloster gelebt haben. Es reicht wie gesagt aus, die Dinge, die andere Menschen ggf. als Blödsinn kategorisieren, im Bereich des Möglichen schweben zu lassen, also offen für Neues zu sein.

Nun sollten wir klären, warum spirituelle Dinge belächelt werden. Man muss doch in der heutigen Zeit sehr oft aufpassen, wo man sich über spirituelle Themen unterhält. Es könnte ja jemand mithören und erzählen, dass man nicht mehr alle Tassen im Schrank hat. Ich erinnere mit einem Beispiel daran: In der Zeit, als nahezu jeder Mensch den festen Glauben hatte, dass die Welt eine Scheibe sei, hätte man doch jeden ausgelacht, der behauptet hat, sie sei eine Kugel. Eine runde Welt stand demnach in Konflikt mit dem Weltbild der damaligen Zeit. Was blieb den Menschen übrig? Entweder, man lachte jemanden aus, der sich auf etwas Neues einließ, oder man versuchte, die Wahrheit in diesen Worten zu erkennen und diese zumindest nicht sofort als Unfug zu bezeichnen. Nun ist es heute so, dass gerade jugendliche Menschen ein komplett falsches Bild von der Spiritualität haben. Einige bringen spirituelle Menschen mit abgedrehten Freaks in Verbindung und haben meist Vorurteile. Wenn z.B. ein Schamane bei einem Ritual tanzend ums Feuer läuft, komische Geräusche macht und Symbole in die Luft zu schreiben scheint, wird doch fast jeder abgeschreckt, der keine Ahnung von der Materie hat. Gut, widmen wir uns einem aktuellen Beispiel: Vor einigen Wochen sah ich im Fernsehen eine Sendung, die sich mit einem spirituellen Menschen befasste. Mit völlig indiskutabler Kleidung, die in Fetzen hing, fing er an zu erzählen, dass er regelmäßig Bäume umarmt, mit ihnen spricht und sich darüber hinaus mit Waldgeistern unterhält. Danach ließ er einen Satz vom Stapel. Dieser Satz wurde verbal in die Länge gezogen und darüber hinaus extrem euphorisch zum Ausdruck gebracht:

„Spüre den Liebesfunken und lasse das Licht in deinen göttlichen Lichtkörper einfließen, auf das sich inneres Glück und Frieden manifestiert".

Nach diesem Satz musste ich sofort den Fernseher ausmachen und tief durchatmen, denn ich war sehr erbost und erstmal bedient. Nicht wegen diesem Menschen, sondern weil wieder einmal ein völlig falsches Bild von Spiritualität gemacht wurde. Es ist doch klar, dass die Menschen mit solchen Sätzen abgeschreckt werden. Der Mann mit seinen Bäumen war natürlich *kein* Spinner, aber bei sehr vielen Menschen war er ab diesem Tag einer. Das alles ist aber geplant und gewollt. Wenn Medien wirklich seriös über solche Themen berichten – und die Menschen über spirituelle Dinge aufklären würden, was wäre dann? Würde die Bevölkerung nicht anfangen, ihr eigenes Leben zu hinterfragen? Aber das ist ja nicht gewollt. Über das *warum* möchte ich hier nicht schreiben, denn es würde erstens den Rahmen des Buches sprengen und zweitens zu weit vom Thema ablenken. Akzeptiere bitte einfach, dass es nicht gewollt ist, dass die Bevölkerung mehr weiß als das, was uns Medien berichten. Wir wissen nur das, was wir wissen dürfen. Punkt!

Nochmal zu dem TV-Auftritt von eben: Spirituelle Menschen müssen keine komische Kleidung tragen, nicht in Rätseln sprechen und schon gar nicht ums Feuer tanzen. Viele gehen nicht einmal in die Kirche. Nein, ein spiritueller Mensch kann eine ganz normale Person sein. Ein Mensch, der anfängt, über seinen eigenen Horizont zu schauen. Der Hintergrund ist der, dass er sich selbst weiterbringen möchte. Weiterbringen *nicht* in Form einer beruflichen Fortbildung oder Karriere, sondern bezogen auf sein Bewusstsein. Lass den letzten Satz einmal wirken. Die meisten Menschen sehen in dem Begriff Erfolg leider *zu* oft die berufliche Seite. Aber Du kannst Dich ändern, wenn Du es auch möchtest.

Bevor wir uns mit Deiner Baustelle, der „Baustelle ICH" beschäftigen, möchte ich Dir die Angst vor einer eventuell bevorstehenden Veränderung nehmen. Wenn Du befürchtest, dass Du auf etwas verzichten musst, wird es Zeit, Dich mit einem vieldiskutierten Thema zu konfrontieren: Die (Re-)Inkarnation, also die Wiedergeburt. Du wirst nach dem nächsten Kapitel hoffentlich eingesehen haben, dass Dein jetziges Leben nur ein kleines Sandkorn des Strandes ist und dass es absolut nicht schlimm ist, wenn Du alle deine Ziele und Träume in diesem Leben *nicht* erreichst. Und Du hast hoffentlich eingesehen, dass uns Materialismus (der Drang, möglichst viel zu besitzen) an unserem Wachstum hindert.

Kapitel 4

*Die Reinkarnation!
Oder: Haben wir
schonmal gelebt?*

Wenn das mal nicht die Mutter aller Fragen ist?
Jeder Mensch, auch Du, hast heutzutage die Möglichkeit, Dich über dieses Thema zu informieren. Im
Fernsehen (und schon sind wir wieder bei den
Medien) wirst Du allerdings kaum über objektive
Aufklärungsberichte oder Dokumentationen zum
Thema Wiedergeburt (Re-Inkarnation) stoßen. Du
sollst allem Anschein nach in dem Glauben gehalten
werden, dass es nur dieses eine Leben gibt. Wer sich
mit der Geschichte unseres Planeten beschäftigt,
wird schnell erkennen, dass die Reinkarnationslehre
in einigen Kulturen der früheren Zeit weit verbreitet
war. Aber davon ist heute nahezu nichts mehr zu
finden. Warum wohl? Auch wenn ich mich
wiederhole: Es ist so gewollt!
Die Menschen mit dem festen Glauben an nur ein
Leben, laden sich, ob bewusst oder unbewusst,
ordentlich Stress auf. Man hat den Wunsch bzw. den
Drang, möglichst viel in diesem einen Leben zu
erreichen. Viel Geld, materielle Besitztümer und
eine tolle Karriere stehen leider zu weit oben auf der
persönlichen „must have"- Liste! Klar kann man
sich Dinge kaufen, an denen man Spaß hat, doch
solche Dinge werden als viel zu wichtig eingestuft.
Je älter man wird, desto ausgeprägter wird der
Wunsch bei einigen Menschen, noch etwas erreichen
oder besitzen zu wollen, bevor das Leben zu Ende
ist. Ja, das Leben ist, kosmisch gesehen, sehr kurz.
Nicht wegen der kurzen Zeit, die es dauert, sondern
weil wir immer weniger die Zeit haben, es zu
genießen. Deine Denkweise könnte man vielleicht so

formulieren: *„Ich habe doch nur ein Leben! Also sollte ich möglichst weit kommen und das Beste herausholen"*. Diese Art zu denken ist im Grunde überhaupt nicht falsch. Ja, sie könnte gar nicht treffender sein. Allerdings wird diese Denkweise aufgrund der falschen Betrachtungsweise verdreht. Mit *„das Beste"* sind bei vielen Menschen fast ausschließlich materielle und berufliche Ziele gemeint. Natürlich ist es schön, wenn Du auf der beruflichen Karriereleiter aufsteigst und wächst, aber warum fängst Du nicht an, den Fokus etwas mehr auf Dein *inneres* Wachstum zu legen? Das bringt Dich nicht nur in diesem Leben weiter, sondern auch darüber hinaus.

Du hast deinen Traum-PC. Wie lange hält denn Dein Glücksgefühl an? Du hast Dein Traumauto. Wie lange bist Du wirklich glücklich? Du hast endlich Deinen neuen Fernseher. Bist Du jetzt endlich Glücklich? Wenn ja, wie lange? Freude an Besitztümern und Glücklichsein ist ein Unterschied. Luxus sei Dir ja gegönnt, aber *leben* bedeutet nicht, äußere Fülle zu erlangen, sondern innere Fülle. Die bekommst Du dann, wenn Du wie oben beschrieben, Deine Ziele von materiellem Reichtum zu innerem Reichtum umsteckst. Erst wenn Du mit Dir selbst zufrieden, mit Dir selbst im Einklang bist, bekommst Du innere Fülle. Dann sind Dir äußere Erfolge, Sensationen und tolle Gegenstände nahezu egal. Du bist liebevoll zu Dir und zu anderen Menschen. Du bist Dein bester Freund und sorgst Dich sehr gut um Deinen eigenen Körper. Du setzt Dich selbst keinen

Situationen aus, die für Deinen Körper gefährlich sind und bist wahrlich glücklich. Allerdings:

Bis Du mal an diesem Punkt angekommen bist, bedarf es normalerweise einer sehr langen Entwicklungsphase. Eine Phase, die über eine einzige Lebensspanne hinaus geht. Die Erfahrungen, die Deine Seele hier in der dualen Welt haben kann, gehen sogar sehr weit über ein irdisches Leben hinaus. Du kennst Menschen, die Du als weise oder sehr liebevoll bezeichnen würdest? Vielleicht kennst Du auch welche, die mit relativ hohem Alter kindisch und für ihr Alter total unvernünftig sind? Daran erkennst Du das Alter der Seele! Gut, gehen wir noch einen Schritt zurück.

Über unser duales Universum hast Du in *Kapitel I* etwas erfahren. Da wir hier in einer grobstofflichen Welt leben, braucht die Seele natürlich auch einen festen Körper, damit sie in dieser Welt existieren kann. Wenn Deine Seele also in einen Körper einkehrt (inkarniert) und schließlich die Geburt ansteht, geht das *Spiel des Lebens* los. Die Erfahrungen, die Du in diesem Leben erfährst, hast Du Dir bereits vorher festgelegt. Aber das ist eine ganz andere Geschichte. Wichtig ist, dass mit der Inkarnation all das Wissen und die Erfahrungen als feinstoffliches Wesen abgeschirmt sind. Du hast keinen Schimmer, dass Du in Wirklichkeit nicht nur Haut und Knochen bist, sondern viel mehr.

Ganz egal, was sich Deine Seele für dieses Leben alles vorgenommen hat, es gibt nahezu unendlich viele Erfahrungen zu machen. Deine Seele braucht demnach sehr viele Leben, um genug Erfahrungen zu machen, bis sie zufrieden dieses Universum wieder verlässt. Deine Seele möchte vielleicht Erfahrungen als Mann, Frau, Priester, Mörder, Maler, liebevolle Mutter, Bürgermeister, Alkoholiker, Politikerin, u.v.m. machen. All diese Erfahrungen kann Deine Seele ja unmöglich mit einem einzigen Leben erfahren.

Mit diesem neuen Wissen, mit diesem neuen Bewusstsein sollte es auch einleuchten, dass jeder Mensch, ob gut oder böse, seine Daseinsberechtigung hat und wir es uns jetzt doppelt überlegen sollten, bevor wir einen bösen Menschen verurteilen. Du selbst hast mit großer Sicherheit auch schonmal die *Rolle* eines Mörders oder eines anderen bösen Menschen gespielt. Wie Du in *Kapitel 7* noch lesen wirst, ist das böse / dunkle nicht weniger wichtig.

Als Du vor langer Zeit dieses Universum betreten hast, hast Du bei Null angefangen. Du konntest mit Begriffen wie z.B. Atmen, Krankheit, Geschmack, Regen oder Tot nichts anfangen. Mit jedem neuen Leben gewann Deine Seele mehr und mehr an Erfahrung. Irgendwann hast Du so viele Erfahrungen gemacht, dass es Zeit wird, sich wieder daran zu erinnern, wer Du jenseits dieser dualen Welt bist. Du bist ein strahlendes Wesen voller Licht und Liebe, Du hast es nur vergessen. Eine junge Seele, die noch einige Erfahrungen vor sich hat, wird diese Worte bestimmt mit aller Kraft ablehnen und als blanken Unsinn abwerten, denn sie ist jetzt noch nicht bereit, dieses Universum schon wieder zu verlassen. Stell Dir ein kleines Kind vor, das in einen Vergnügungspark geht. Es wird natürlich versuchen, sehr viele Erfahrungen in allen Fahrgeschäften zu sammeln. Es wird nicht eher ruhen, bis jede Attraktion erprobt und erfahren worden ist. Nun, im Spiel des Lebens gehört es aber nunmal zu den Regeln, dass auch schlechte, schmerzhafte und schlimme Erfahrungen gemacht werden müssen. Das gehört dazu, denn in einer dualen Welt existiert nicht nur Liebe und Licht, sondern auch die Dunkelheit. Mehr dazu gibt es in *Kapitel 7*.

Wenn Du einen Menschen kennst, der gerade die sprichwörtliche Hölle auf Erden durchmacht, erfährt seine Seele gerade eine Erfahrung, die sie bereichert. Ich weiß, es ist sehr leicht zu sagen, dass man sich für eine Person freuen soll, die gerade Schlimmes durchlebt - gerade wenn es ein Mensch in der eigenen Familie ist. Aber bitte versuche es ab jetzt einmal von der Seite zu sehen, dass dieser Mensch und vor allem seine Seele gerade einen wichtigen Entwicklungsschritt durchmacht.

Fassen wir zusammen :
Du hast schon viele Leben gelebt. Ob Du als Mann oder als Frau, als Täter oder Opfer, als ehrlicher Bürger oder schlimmer Mörder gelebt hast, spielt keine Rolle. Die Wahrheit ist: Du bist ein absolut wunderbares, liebendes und strahlendes Wesen. Du sammelst momentan Erfahrungen in einem Uni-

versum, in dem die Dualität herrscht. Jetzt, in diesem Augenblick kennst Du nichts anderes als Dein aktuelles Leben, weil dein Wissen von allem anderen abgetrennt wurde. Erkenne die Logik: Wenn Du wüsstest, wer Du bist, was Du hier eigentlich machst und was hinter dem Ganzen steckt, würdest Du sofort von deinem Leben abgelenkt - und in all Deinen Erfahrungen beeinflusst werden. Du fragst Dich zu Recht, warum diese Informationen nun plötzlich doch bekannt gegeben werden, obwohl wir ja vergessen sollen, wer wir sind? Die Antwort ist: *JETZT* ist diese Zeit, die ich oben beschrieben habe. Jetzt ist die Zeit, wo sich sehr viele Seelen dem Ende ihres Inkarnationszyklus nähern. Jetzt ist die Zeit, wo Du wach werden und erkennen solltest, wer und was Du in Wirklichkeit bist. Du bekommst die Chance, um aufzusteigen. Du kannst auf der Treppe, die ich jetzt mal *Bewusstseins-Niveau* nenne, einen Sprung machen. Wenn Du diese Worte belächelst, dann wundere, aber freue ich mich auch, dass Du immer noch weiter liest. Vielleicht sind diese Infos ja in deiner aktuellen Lebenserfahrung vorgesehen. Vielleicht kommst Du in einigen Tagen, Wochen oder gar Monaten in eine Situation, wo Du froh bist, diese Informationen zu besitzen.

Wie dem auch sei: Jetzt geht es zu Deiner Baustelle. Dort bekommst Du die Werkzeuge, mit denen Du an Dir feilen kannst - sofern Bedarf besteht.

Kapitel 5

Baustelle ICH

Vielleicht kennst Du das nun folgende Beispiel-szenario aus eigener Erfahrung. Du stehst um 5 Uhr auf, schiebst Dir noch schnell was zu essen rein, welches Du mehr schlingst als isst. Dann fährst Du zur Arbeit. Es folgen acht Stunden körperliche Arbeit in einer staubigen Fabrikhalle. Du weißt, dass Du Geld brauchst. Wir leben nunmal in einer Gesell-schaft, wo Geld zum (über-)leben notwendig ist. Vielleicht gehst Du gerne zur Arbeit, vielleicht aber auch nicht. Die Frage, die Du Dir vielleicht schon gestellt hast, könnte eventuell lauten:

„Es kann doch nicht sein, dass ich 8 Stunden in einem Büro rumhänge und Papierkram erledige." Oder: *„Warum tue ich es mir und meinem Körper an, acht Stunden in einer staubigen Fabrikhalle zu schuften?".*

Diese und ähnliche Fragen zeigen, dass Du all-mählich anfängst, Dein Leben zu hinterfragen. Das ist sehr gut. Dieses Kapitel könnte man auf einen einzigen Satz reduzieren: *Sei Dein authentisches Selbst!* Du musst lernen, deine freie Meinung zu äußern, ohne Angst vor Konsequenzen zu haben. Nehmen wir als erneutes Beispiel das Verhältnis Chef und Arbeiter. Dein Chef meckert an allen Ecken und Enden, es kommt kein nettes Wort aus seinem Mund und die Begriffe Menschlichkeit und Ehrlichkeit fehlen in seinem Wortschatz. Da Du ja auf das Geld angewiesen bist, lässt Du Dir natürlich so einiges gefallen. Du traust Dich nicht, auf deine innere Stimme (die Seele) zu hören. Du bemerkst nicht, dass sie Dich in etwa so anfleht:

„Hallo? Hörst Du mich oder ignorierst Du mich? Muss das wirklich sein, dass Du UNS so quälst? Du willst doch gar nicht hier sein und Dich von deinem Chef so übel behandeln lassen. Tu etwas dagegen. Tu es für uns beide".

Was tust Du? Du erkennst vielleicht doch die inneren Signale, die dich Vernunft lehren wollen, verdrängst Sie aber, da Du es Dir ja keinesfalls leisten kannst, gegen diese Behandlung vorzugehen. Es könnte ja Ärger geben und eine damit verbundene Abmahnung oder Kündigung. Ihr beide (Körper und Seele) macht das eine Zeit lang mit, bis es der Seele schließlich zu bunt wird. Die Seele „sagt" dann zum Körper: *„Tu bitte etwas, auf mich wird ja sowieso nicht gehört".* Die Folge ist, dass Du krank wirst. Du wirst so lange gepiesackt, bis Du anfängst, Dir selbst mehr Energie und Aufmerksamkeit zu schenken. Fang an, Dich und Deinen Körper zu lieben, siehe *Kapitel 7.* Denn bevor Du anfängst, Deine Freunde, Deine Familie oder Dein Auto zu lieben, solltest Du erstmal lernen, Dich selbst zu lieben und zu akzeptieren. Bezogen auf das vorherige Beispiel wäre es natürlich nicht klug, dem Chef die Leviten zu lesen und im gleichen Atemzug zu kündigen. Aber Du musst anfangen, Du selbst zu sein. Ein „Nein!" sagen zu können, erfordert in unserer heutigen Gesellschaft einiges an Charakter.

Die meisten fürchten sich vor den Konsequenzen, wenn man einmal „Nein!" sagt. Ich möchte hier nicht den Moralapostel spielen, denn nur Du weißt, ob und wann Du dieses kleine Wort am einmal aussprechen möchtest. Warum tust Du es nicht? Vertraue dem Leben und Deiner Entscheidung. Um es auf den Punkt zu bringen: Vertraue Dir!

Wenn Du erkennst, wie wichtig die Informationen in diesem Buch sind, wirst Du hoffentlich den inneren Antrieb haben, anderen Menschen davon zu berichten. Habe keine Angst davor, ausgelacht zu werden und traue Dich, anders zu sein. Nur jemand, der anders ist, kann etwas verändern. Das soll aber nicht bedeuten, dass Du Deine Mitmenschen mit aller Kraft bekehren sollst. Überlasse Ihnen die Entscheidung. Denn wenn Du merkst, dass sie sich an ihr momentanes Weltbild festgebissen haben, musst Du es akzeptieren. Kein Mensch mit guten Absichten zwingt einem anderen etwas auf. Wie Du ja nun weißt, hat jeder Mensch andere Erfahrungen in diesem Leben zu machen. Dennoch hat jeder Mensch das Recht, über einige Wahrheiten lückenlos aufgeklärt zu werden. Aber es muss erwünscht sein.

Kapitel 6

Das Jahr 2012

Kosmische Betrachtung

Zuerst schauen wir uns die kosmischen Vorgänge anhand der Bewegungen unserer Himmelskörper einmal genauer an:

Das Universum ist in Bewegung - nichts steht still. Die Bewegungen der einzelnen Planeten, Sterne, Sonnensysteme u.s.w. werden einem bestimmten Zyklus zugeordnet. Ein Zyklus ist eine sich ständig wiederholende Zeiteinheit. Jeder kennt die Bewegung der Erde, die sich fortwährend und unermüdlich um sich selbst dreht. Dieser Zyklus wird bekanntermaßen Tageszyklus genannt. Unser Planet dreht sich nicht nur um sich selbst, sondern bewegt sich auch um unseren Stern, die Sonne. Wie uns der gregorianische Kalender lehrt, dauert dieser Zyklus 365 Tage und wird das Jahr (Erdenjahr) genannt. Allerdings gibt es bereits hier Ungereimtheiten, die ich bei dieser Gelegenheit mal anschneiden möchte.

Das so genannte Sonnenjahr beschreibt ebenfalls die Dauer, bis die Erde einmal die Sonne umrundet hat. Das Sonnenjahr basiert aber nicht wie das Erdenjahr auf einer menschlichen Festlegung, sondern auf einer kosmischen. Denn die Mayas haben - extrem präzise - erkannt, wie lange eine Umrundung der Erde um die Sonne dauert. Sie lebten demnach immer im Einklang mit ihrer „kosmischen Uhr" und überhaupt in totaler, allgegenwärtiger Harmonie mit den kosmischen Bewegungen. Als Papst Gregor XIII (1502-1585) im Jahr 1582 seinen gregorianischen

Kalender eingeführt hat, legte er ein Jahr auf 365 Tage plus einen Tag (der Tag des Schaltjahres) fest. Dies ist unser gewohntes Erdenjahr. Das kosmische Sonnenjahr der Mayas dauert jedoch länger als das Erdenjahr, obwohl es einen identischen Vorgang beschreibt.

Mit anderen Worten: Seit dem der gregorianische Kalender eingeführt worden ist, weicht unsere Zeitrechnung immer mehr von dem korrekten kosmischen Sonnenjahr ab. Um zu verdeutlichen, was gemeint ist, stellen wir uns zwei Uhren vor. Die eine Uhr symbolisiert unser Erdenjahr, die andere das korrekte Sonnenjahr. Beide Uhren scheinen identisch zu ticken, doch im Laufe eines großen Zeitraumes bemerken wir, dass die Uhren deutlich unterschiedlich laufen. Somit ist klar, dass unsere Zeitrechnung den exakten kosmischen Bewegungen hinterherhinkt. Fakt ist: Das Sonnenjahr dauert länger als das Erdenjahr! Jeder kann sich vorstellen, dass eine Zeitrechnung, die Jahrtausende lang unrund läuft, gravierende Unterschiede aufweist. Das Jahr 2012 ist daher nicht *das* Jahr 2012, sondern wurde lediglich anhand unserer menschlichen Berechnungen festgelegt. Unser Jahr 2012 ist also von der Bezeichnung her falsch! Nach der speziellen Zeitrechnung der Mayas nennen sie *unser* Jahr 2012 als 13.0.0.0.0! Ich möchte jetzt nicht ins Detail ihrer Zählweise eingehen, aber 13.0.0.0.0 ist, umgerechnet auf unseren Kalender, der 21.Dezember 2012. Wir kommen jedoch vorerst wieder auf unsere Zyklen zurück. Wir wissen, dass sich die Erde um sich selbst dreht (Tageszyklus) und dabei um die Sonne wandert (Jahreszyklus). Es geht noch weiter, denn auch das Sonnensystem wandert. Es wandert um das Zentrum unser Galaxie (die Milchstraße) und dies ist natürlich ebenfalls ein Zyklus. Dieser Zyklus wird das galaktische Jahr genannt und dauert über 200 Millionen Jahre. So könnte man das immer weiter fortsetzen, aber um wieder auf das Jahr 2012 zu kommen, bleiben wir bei der Sonne und dem für uns wichtigsten Zyklus: Das platonische Jahr. Was ist nun ein platonisches Jahr (auch als Das Große Jahr oder Weltjahr genannt)? Da das platonische Jahr für das kosmische Verständnis bezogen auf 2012 wichtig ist, werde ich es nun etwas detaillierter verdeutlichen.

Du weißt vielleicht, dass die Astrologie mit den zwölf Tierkreiszeichen zu tun hat. Nehmen wir mal als erklärendes Beispiel einen sonnigen Frühlings-morgen. Die Sonne geht Morgens an einem bestimmten Punkt im Sternzeichen *Fische* auf. Daher wird unser aktuelles Zeitalter auch das *Zeit-alter der Fische* genannt. Schaut man sich diesen Punkt nun ein paar Jahre später an, wird man fest-stellen, dass sich der Punkt, an dem die Sonne auf-geht, leicht verschoben hat. Zwar geht die Sonne immer noch im Sternbild Fische auf, aber dennoch nicht an der gleichen Stelle wie sonst. Hier ist also ebenfalls Bewegung im Spiel. Das platonische Jahr ist demnach nichts anderes als die Zeitspanne, in der sich die Sonne, bezogen auf die Erdachse, durch alle

12 Sternbilder bewegt. Dieser Zyklus dauert 25.920 Jahre und ist in 12 Abschnitte eingeteilt. Man kann auch sagen, dass es zwölf Zeitalter sind. Dass wir im Zeitalter der Fische leben, haben ich bereits erwähnt, aber was hat das platonische Jahr nun mit 2012 zu tun? Nun, ein Zeitalter dauert 2160 Jahre (25.920 Jahre geteilt durch die 12 Tierkreiszeichen), wo die Sonne ein Sternzeichen durchläuft. Hier gibt es oft einen Denkfehler: Die Sonne wandert natürlich nicht mit Ihrer Masse *durch* die Sternzeichen hindurch, sondern nur vom Bezugspunkt der Erde aus, wie ich es anhand des Frühlingsmorgen erläutert habe.

Die Mayas waren eine wahre Macht, wenn es um kosmische Zusammenhänge und dem bestimmen von Zyklen geht. Sie haben exakt errechnet, dass das Fischezeitalter am 21.Dezember 2012 beendet ist und in das nächste, dem Wassermann-Zeitalter, übergeht. Die Sonne wird sich also um 2012 von den Fischen verabschieden und allmählich im Sternbild des Wassermannes aufgehen. Daher erwartet uns das kommende Wassermann-Zeitalter. Dieses dauert natürlich auch wieder 2160 Jahre.

Es gibt sicher einige Menschen, die Astrologie missbrauchen, um den Inhalt ihrer Geldbörsen zu vergrößern, aber Astrologie hat ansonsten absolut nichts mit Scharlatanie oder Hokus Pokus zu tun. Dass die Menschen in Feuer und Regen unter gehen, wie es von einigen Verschwörungstheoretikern prophezeit wird, ist schlicht falsch! Ja, es ist das Ende einer Ära. Der Ära der Fische. Wir haben im Kapitel Bewusstsein erkannt, dass es verschiedene

Stufen von Bewusstsein gibt. So gibt es auch ein Planetenbewusstsein. Mutter Erde ist demnach kein toter Haufen Stein und Erde, sondern ein riesiger, lebendiger Organismus. Aufgrund dessen, was die Menschen der Erde antun, wird es ganz sicher einige heftige Reinigungsprozesse (z.B. Erdbeben, Überschwemmungen, Vulkanausbrüche, e.t.c..) geben, aber mit Begriffen wie Armageddon oder Weltuntergang sollte man 2012 nicht in Verbindung bringen. Genau wie sich der Mensch im Tages oder Wochenzyklus duscht und sich reinigt, so reinigt sich selbstverständlich auch unser Planet in kosmischen Abständen. Man kann auch sagen, er heilt sich von den Wunden, die ihm die Menschen zugefügt haben und aktuell immer noch zufügen. Und diese Heilung spitzt sich 2012 zu, da Mutter Erde ebenfalls den Bewusstseins-Sprung machen möchte, von dem ich berichtet habe. 2012 ist also nicht nur von der kosmischen Seite gesehen interessant, sondern auch für uns Menschen. Das Bewusstsein des Menschen kommt nun abermals ins Spiel.

Feinstoffliche Betrachtung

Fassen wir kurz zusammen: Es gibt 12 Zyklen, von denen einer in wenigen Jahren beendet wird und in eine neue übergeht. Wir sind keine Menschen, die spirituelle Erfahrungen machen, sondern spirituelle (Licht-) Wesen, die viele menschliche Erfahrungen machen. Wir alle haben schon viele Leben erfahren und für manche Seelen ist es an der Zeit, dieses

Universum wieder zu verlassen oder auf die nächste Ebene des Bewusstseins zu gelangen. Es gibt bestimmte Zeitpunkte, an denen die Seelen einen großen Satz nach vorne machen, d.h. auf einen Schlag sehr viel lernen und einen Sprung im Bewusstsein machen. Das Jahr 2012 ist ein Zeitpunkt, wo wir solch einen Bewusstseins-Sprung machen können. Um nochmal auf den Mayakalender zu kommen: Wie eben erwähnt, endet der Kalender bei 13.0.0.0.0, was bedeutet, dass *etwas* zu Ende ist. Allerdings handelt es sich dabei nicht nur um das Ende eines Zyklus, sondern um etwas, das schon eine Nummer größer ist. Laut den Mayas ist nämlich auch der aktuelle Zyklus des Menschen zu Ende. Natürlich lässt sich so eine Aussage sehr leicht mit Weltuntergang oder dem Ende der Menschheit assoziieren, aber erneut mischt hier die falsche Betrachtungsweise mit. In der Tat, es ist etwas zu Ende. Das, was wir aktuell als menschliches Dasein definieren, ist zu Ende. Das Ende unseres bisher bekannten Bewusstseins. Zum Verständnis: Jeder kennt das bekannte Bild mit den verschiedenen Stufen der Evolution. Ich meine das Bild, wo sich der Affe nach einigen Stufen schließlich in den aufrecht gehenden, modernen Mensch entwickelt. Hast Du Dir noch nie Gedanken darüber gemacht, was <u>nach</u> diesem modernen Menschen, was nach *uns*, kommt? Nicht unsere Körperform wird sich ändern, sondern unser Bewusstsein. Wir werden mehr sein als das, was wir jetzt sind. Die nächste Stufe in unserer Entwicklung. Versuche Dir bitte gar nicht erst vorzustellen, wie das wohl sein wird. Es ist für Deinen Verstand noch nicht fassbar. Ich wünsche mir für Dich, dass Du Deine Chance erkennst. Wenn Du jedoch gegen dieses Thema bist, ist das auch in Ordnung. Du wirst nicht gezwungen.

Tja, was musst Du machen um Aufzusteigen? Die Antwort ist so einfach wie genial: Nichts! Du musst weder suchen, noch darauf hinarbeiten. Du kannst akzeptieren, was Du bisher gelesen hast, mal zur Ruhe kommen und über das Buch nach-denken. Du machst quasi eine Sitzung mit Dir selbst und wertest das gelesene aus. Du kannst Dir Tage und Wochen Zeit lassen. Am Ende jedoch solltest Du wissen, was Du willst. Wenn Du Dich für den Aufstieg entscheiden solltest, bitte darum anhand einer Absichtserklärung. Dazu ist es natürlich nicht nötig einen Brief zu formulieren. Nein, Du machst Dir selbst deutlich klar, dass Du aufsteigen möchtest und bittest die höheren Ebenen um Unterstützung. Denn es gab schon vor Dir Menschen, die den Aufstieg geschafft haben. Wenn Du Hilfe brauchst, wirst Du sie bekommen. Nur bitten musst Du. Deine Geistführer, die Engel und alle anderen Wesen aus den höheren Ebenen dürfen nicht von selbst in Dein Leben eingreifen, weil sie damit Deinen freien Willen unterwandern bzw. beeinflussen würden. Das ist nicht zulässig. Du musst erst darum bitten! Bitte, und Dir wird gegeben.
Du kannst nicht nur um den Aufstieg bitten. Du kannst für alles bitten. Zum Beispiel darum, dass Du

die momentane Zeit gut überstehst, dass man Dich
führen soll und Dich mit Licht und Liebe schützt.
Du kannst um energetischen Schutz vor Energie-
räubern bitten. Eigenschutz ist enorm wichtig,
gerade in der heutigen, hektischen Zeit. Unsere
feinstofflichen Helfer sind da und warten quasi auf
eine Bitte von Dir. Formuliere jede Bitte positiv und
fokussiert auf Dein höchstes Wohl. Es gibt auch
noch andere Helfer, aber über die kann man ein
eigenes Buch verfassen. Es sind unsere außerirdischen Freunde. Mit welcher Anstrengung und mit
welchem Erfolg die Regierungen unsere kosmischen
Freunde geheim halten, ist schon gewaltig. Lass
mich daher nur erwähnen, dass Außerirdische
definitiv existieren, ganz in unserer Nähe. Sie sind
vollkommen friedlich und haben die Absicht, uns bei
unserem Aufstieg zu unterstützen. Du hast Fragen?
Prima, am Ende sind Links. Auch ich selbst stelle
mich zur Verfügung, um etwaige Fragen zu
beantworten. Die Mail-Adresse ist am Ende. Wie
gesagt: Hinterfrage selbst das hier gelesene. Da das
Thema Außerirdische sehr brisant und ebenfalls ein
häufig belächeltes Thema ist, verweise ich auf das
Zitat von Alfred Polgar vor Kapitel 1. Hast Du es
noch im Kopf?
Wenn Du Dich gegen den Aufstieg entscheidest,
dann machst Du ebenfalls das richtige – nämlich
genau das, für was Du im Moment hier auf dieser
Erde inkarniert bist. Du siehst, Du kannst nichts
falsch machen. Im schlimmsten Fall kannst Du
diese Chance nicht nutzen. Noch einmal: Diese

Chance hast Du nicht unbedingt beim Glocken-
schlag zum 21.Dezember 2012. Dieser Tag könnte
ein Tag wie jeder andere sein. Niemand kann 100%
sagen, was genau passiert. Aber die Menschen werden definitiv eine Veränderung erleben. Freue Dich
auf die Zukunft, auch wenn der Weg zum Licht
immer noch Schatten wirft. Freue Dich und lass Dir
keine Angst einjagen. Denn ängstliche Menschen
kommen selten dazu, über Dinge nachzudenken, die
jenseits des Alltags liegen. Die Angst ist das Mittel
zur Kontrolle.

Fassen wir noch einmal zusammen: Das Jahr 2012
ist mit einigen kosmischen Ereignissen verbunden.
Das platonische Jahr ist zu Ende, es gibt einige sel-
tene Planetenkonstellationen und ein neues Zeitalter
bricht an. Seit der Geschichtsschreibung wird die
Menschheit zum ersten Mal Zeuge dieser ganzen
kosmischen Ereignisse. So etwas gab es für uns noch
nie und geht sehr weit über bisherige astronomische
Ereignisse hinaus. Der Kalender der Maya ist zu
Ende und somit nach 2160 Jahren auch das Fischezeitalter. Das Wassermann-Zeitalter beginnt.

Doch damit nicht genug: Auch unser Bewusstsein,
wie wir es kennen, wird zu Ende gehen und neu
definiert werden müssen.

Du siehst: Es kommt eine interessante Zeit auf uns
zu und einiges was wir kennen, geht zu Ende. Aber
die Vernichtung der Menschheit hat mit 2012 nichts
zu tun. Das ist Panikmache. Habe keine Angst, sondern freue Dich auf eine tolle Zukunft, auch wenn
wir momentan noch in einer heißen Phase leben.

Kapitel 7

Liebe: Licht umarmt die Dunkelheit

Das Licht!

Du weißt nun weitestgehend, was es mit 2012 auf sich hat. Wie gesagt, auch ich kann mir nicht mal ansatzweise ausmalen, welche Erfahrungen, Gefühle und Wandlungen auf uns warten. Aber wir können anfangen, unsere „Antennen" auszurichten. Diese Richtung zeigt nach innen. Bist Du fähig zu lieben? Menschen, die sich nicht selbst lieben, sind auch nicht in der Lage, Liebe nach außen zu zeigen. Du denkst, Du liebst Deinen Partner? Ist es nicht eher so, dass es ein emotionaler Bezug auf der Basis starker Sympathie ist? Echte Liebe kannst Du nur ausstrahlen, wenn Du Dich selbst liebst. Du kennst vielleicht dumme Bemerkungen wie *„...der/die liebt sich doch selbst"*. Nicht selten werden Menschen ausgelacht, weil es den Anschein erweckt, dass sie sich selbst am nächsten sind. Verwechsele das bitte nicht mit Egoismus. Ein Egoist sieht sich selbst immer zuerst, was ja auch in Ordnung ist. Aber seine Mitmenschen kümmern ihn nicht und es ist ihm egal, ob ein anderer Mensch emotionalen oder sogar physischen Schaden erleidet. Aber jemand, der sich selbst liebt, wird diese Liebe auch ausstrahlen und nicht nur für sich behalten. Ein liebendes Wesen kann die Liebe auch gar nicht für sich behalten, denn echte Liebe will sich verbreiten und vermehren. Der Drang, Gutes zu tun, verstärkt sich und dein innerer Kern, das sprichwörtliche „Gute im Menschen", kommt mehr und mehr nach außen. Ausnahmslos jeder Mensch hat diesen Kern in sich, ob er nun ein

Kinderschänder oder ein liebevoller Familienvater ist. Meist ist der innere Kern jedoch von dunkler und negativer Schlacke überlagert. Aber er ist da – und er leuchtet! Wie legst Du diesen Kern frei? Es ist eigentlich leicht.

Man lernt eigentlich seit der frühen Kindheit, seinen Gesprächspartner ausreden zu lassen. Ist es nicht so? Es gehört zum Anstand und zum guten Benehmen. Menschen sind gute Schauspieler. Sie spielen vor, andere Menschen ausreden zu lassen, jedoch lassen sie sich selbst ja kaum ausreden! Na, ist es nicht so? Höre auf deine innere Stimme, lass sie mal zu Wort kommen und ausreden. Sie wird Dir eventuell Dinge sagen, die Du nicht gerne hören willst (siehe *II: Das Dunkle*), aber nur so wandelst Du Dich zu dem, was Du wirklich bist. Beispiel: Du trinkst jeden Tag Alkohol und weist, dass es falsch ist. Aber Du machst es dennoch. Genau dieser Teil, der sich bewusst ist, dass Du falsch handelst - dieser Teil, den Du gerne unterdrückst und nicht einmal zu *Wort* kommen lässt, ist Dein wahres Ich. Alkohol ist nur eins von unzähligen Beispielen, wo sich deine innere Stimme meldet.

Wenn Du mal bewusst auf diese Stimme achtest, wirst Du erkennen, dass Sie immer nur zu Deinem Besten einschreitet. Du merkst, dass diese Stimme ausschließlich auf Dein Wohl ausgerichtet ist und Dich nie gefährden oder mit schädlichen Tipps füttern würde. Wenn Du soweit bist (was sehr schnell gehen kann), merkst Du auf einmal, dass da Liebe im Spiel ist. Eine Liebe, die Dir noch nie auf diese Art aufgefallen ist und nichts mit Deiner bisherigen Definition dieses Wortes zu tun hat. Du spürst plötzlich eine Liebe zu Dir selbst. Du spürst, dass etwas in Dir ist, was es anscheinend gut mit Dir meint. Diesem Gefühl ist es egal, ob Du dick bist, ob Du schlimme Dinge getan hast oder ob Du Deinen Körper mit Drogen missbrauchst. Dieses Gefühl kennt keine Rache oder Bestrafung. Es ist ausschließlich gut!

Sobald Du das einmal erkannt hast, fängt die Schlacke, die sich um Deinen leuchtenden Kern gelegt hat, zu bröckeln an. Lass Deine innere Stimme durch. Ob Du nach Deiner inneren Stimme handelst oder nicht, ist - erstmal- nicht so wichtig. Aber höre Sie Dir an und unterdrücke sie nicht. Erkennst Du sie, erkennst Du Dich .

II: Das Dunkel!

Wenn wir von Liebe und Licht reden, sollte der duale Part nicht unerwähnt bleiben, denn er ist nicht weniger wichtig: Das Dunkel. Ich möchte an dieser Stelle gerne nochmal wiederholen, dass wir in einem dualen Universum leben und dass das eine vom anderen abhängig ist. Wenn es ausschließlich Licht und Liebe gäbe, würde unserem Universum die Basis zur Existenz fehlen. Es ist nunmal ein Universum der Gegensätze. Das Ying&Yang Zeichen ist ein bekanntes, aber treffendes Symbol, welches das verdeutlicht. Die schwarze, dunkle Seite kann nur existieren, wenn sie einen gegensätzlichen

Teil hat. Fällt ein Teil weg, ist Ying und Yang nicht länger existent. Das Symbol kann es demnach nur geben, wenn schwarz und weiss / Dunkelheit und Licht in Harmonie existieren. Licht und Dunkelheit bilden eine Einheit. Genau das lässt sich auch auf den Menschen übertragen.

Du hast in Deinen Inkarnationen beide Seiten erfahren. Du hast dem Licht und dem Dunkel gedient. Der Schlüssel ist, dass Du Deine helle Seite *und* Deine dunkle Seite akzeptieren solltest. Wenn Du einen schlimmen Gedanken hast, unterdrücke ihn nicht. Du musst ihm ja nicht Folge leisten, aber denke ihn zu Ende und akzeptiere, dass er da ist. Verurteile Dich nicht als schlechten Menschen, wenn Du unschöne Dinge denkst. Es ist lediglich Dein dualer Teil und er gehört ebenso zu Dir wie Deine gute Seite. Auch hier heißt es wieder: Akzeptiere Dich so wie Du bist und zwar mit *allem* was Du bist. Dazu gehören auch schonmal böse und schlimme Gedanken. Wenn Du bemerkst, dass du gerade etwas böses oder dunkles denkst, versuche bewusst diesen dunklen Teil zu umarmen und zu akzeptieren. Schäme Dich nicht dafür, denn in dem Augenblick, wo Du beginnst, auch das dunkle in Dir zu akzeptieren, bist Du auf dem besten Weg, Einheit und Harmonie zu erfahren. Welche Liebe kann größer sein, wenn man das Dunkle in sich selbst umarmen und akzeptieren kann? Im Kapitel Reinkarnation hast Du erfahren, dass nun einmal beide Seiten zu erfahren gibt. Die helle und auch die dunkle Seite. Nun ist es an der Zeit, zu akzeptieren, dass Du die beiden Seiten durch Deine ganzen Inkarnationen *mitgenommen* hast. Beide Seiten sind demnach in Dir.

Um zu verhindern, dass die dunkle Seite die Oberhand gewinnt, sind zwei Dinge nötig: Du musst erkennen, dass diese Seite ein natürlicher Bestandteil Deiner Selbst ist. Und Du musst lernen, auch die schlimmsten Gedanken zu umarmen. Stelle Dir einfach vor, wie Deine negativen Gedanken von einem Paar Flügel liebevoll umarmt werden. Verkrampfe nicht, wenn Du nicht genau weißt wie Du das überhaupt anstellen sollst. Allein die gute Absicht reicht aus.

Es gibt schlimme Dinge auf dieser Welt, auf die ich im folgenden, letzten Kapitel noch eingehen werde. Wenn Du die letzten Worte verstanden hast, sollte Dir einleuchten, dass alles Böse seinen Sinn hat! Sehr viele Jahre war die Dunkelheit auf unserer Erde gegenwärtig. Wir haben viele Kriege, Hungersnöte und Verbrechen erlebt. Die Zeit ist nahe, in der ein Wechsel zum Gegenteil, ins Licht, stattfindet. Um noch einmal auf 2012 zu kommen: Auch das Ende der Dunkelheit ist gekommen und damit wird die Ära des Lichts und der Liebe eingeläutet. Wie schon erwähnt: Die nächsten Jahre bis 2012 könnten vielleicht noch heiß werden, aber, um einen bekannten Spruch zu benutzen: Alles wird gut! Halte an diesem Glaube daran fest.

Kapitel 8

Weltbild 2009

Wenn Du anfängst, Dich selbst mehr zu akzeptieren, hast Du vielleicht den Wunsch, anderen Menschen von den Themen dieses Buch zu berichten und diese somit auch auf den Weg zu bringen. Du weißt ja: Die Menschen sind miteinander verbunden wie ein großes Netzwerk. Je mehr Menschen wissen, was wirklich auf dieser Welt los ist, wer sie sind und vor allem was um das Jahr 2012 passiert, desto weiter steigt das kollektive Bewusstsein.

Wenn Du mit diesem Kapitel – und somit diesem Buch – fertig bist, wirst Du vielleicht die Motivation und den inneren Antrieb haben, selbst ein bisschen für unsere schöne Welt zu kämpfen. Wie Du das ohne viel Aufwand machen kannst, liest Du gleich.

Schauen wir uns für einen Moment mal das aktuelle Weltbild an und verweilen für einige Sekunden bei jedem der folgenden Fakten:

- Es gibt immer noch hunderte Kriegsherde
- Es gibt krasse Unterschiede zwischen Arm und Reich
- Auf der einen Seite der Welt werden Lebensmittel in den Müll geworfen, während auf der anderen Seite Menschen den Hungertot erleiden.
- Recht haben bedeutet noch lange nicht, auch Recht zu bekommen
- Wir werden mit dem Mittel der Angst kontrolliert, z.B. Schweinegrippe

- Unsere Gesellschaft wird von Neid, Hass, Egoismus und Boshaftigkeit dominiert
- Wir werden von den Medien belogen, wo es nur geht
- Selbstschädigung (z.B. Rauchen, Kampfsport, Alkohol) wird toleriert
- Unsere Lebensmittel werden bestrahlt
- Wir werden permanent vergiftet (z.B. Chemtrails)
- Geld wird oft als Motiv für grauenvolle Dinge missbraucht
- Materialismus (der Drang, möglichst viel zu besitzen) wird gefördert um die Menschen von Kapitel 7 abzulenken und davor, dass dieses Leben hier nur eines von sehr vielen ist

Traurig, oder? Da man zu jedem dieser Themen ein komplettes Buch verfassen könnte (es gibt ja auch schon viele, sehr gute Bücher darüber) und ich hier nicht ins Detail gehen möchte, wirst Du für den Augenblick diese Dinge akzeptieren müssen. Wie gesagt: Forsche selbst nach! Am Ende bekommst Du von mir ein paar Anlaufstellen, wo Du anfangen kannst – wenn Du willst. Es sind Webseiten mit Aufklärungsfilmen, wo einige Dinge bewiesen (!) werden. Auch werde ich Dir Bücher empfehlen, wo Du auf Entdeckungsreise gehen kannst. Die meisten Menschen brauchen nunmal immer einen Beweis. Bezogen auf die oberen Fakten stellen sich also folgende Fragen: Wer hat das so entschieden? Wie konnte es zu dieser katastrophalen Situation kommen? Auch wenn Du denkst, dass es Dir gut geht, hat das aktuelle Weltbild absolut nichts mit Wohlstand zu tun! Wenn man sich die oben beschriebenen Umstände einmal anschaut, kann der gesunde Menschenverstand nur zu dem Schluss kommen, dass die falschen Menschen eine zu große Macht besitzen. Ich möchte Dich jetzt nicht dazu anstiften, nach Berlin oder Washington zu reisen um dort ein paar Türen einzutreten. Aber ich bitte Dich: Wenn sich die Informationen in diesem Buch als deine Wahrheit anfühlt, kläre die Menschen auf. Sei aber auf keinen Fall dogmatisch, d.h. zwinge ihnen nichts auf. Sei sanft und akzeptiere, wenn sie ihre Meinung nicht überdenken möchten. Aber jeder Mensch, der wach wird, ist ein großes Geschenk. Die Gegenseite versucht die Menschen weiterhin im Schlafzustand zu lassen, aber immer mehr wachen auf. Wirklich jeder Mensch zählt. Denke aber stets daran: Egal welche Katastrophen und Verbrechen auf dieser Welt geschehen: Es war und ist lediglich die schwarze Seite von Ying&Yang!

Ich danke Dir, lieber Leser, dass Du dieses Buch gelesen hast und wünsche mir, dass Dich das Buch ein wenig nachdenklich gemacht hat.

In Liebe, Dennis Beurenmeister

Links und weitere Bücher

Fragen / Anregungen zu dem Buch?
Weckruf2012@gmx.de

Links:

http://www.anti-zensur.info/
Hier gibt es viele „Aufklärungsfilme", wo über
diverse Themen wie Chemtrails, Schweinegrippe,
9/11, Mondlandung u.v.m. aufgeklärt wird. Sehr
wichtig!

http://www.neues-miteinander.de/
Wunderbare Webseite über unser Selbst, was wir
sind und was um uns herum alles existiert.

http://www.paoweb.org
Sehr hochschwingende Seite, wo über die Wesen
aufgeklärt wird, die seit vielen Jahren mit aller Kraft
geheimgehalten werden: Unsere außerirdischen
Freunde.

Bücher:

„2012 – Der Aufstieg der Erde" (ch.falk-verlag;
Autor: Ute Kretzschmar)
Die bereits aufgestiegenen Meister Konfuzius und
Kuthumi erklären im Frage/Antwort-Prinzip all
das,was hinter dem „Spiel des Lebens" ist. Für Laien

stellenweise etwas schwer zu verstehen. Aber ein wichtiges Buch!

„Die Seele in den Meisterjahren" (ch-falk-verlag; Autor: Ute Kretzschmar)
Nachfolger von 2012 – Der Aufstieg der Erde

„2012 – Die große Zeitenwende" (MensSana; Autor: Birgit Feliz Carrasco)
Großartiges Werk über 2012, welches ins Detail geht und die Prophezeiungen der Mayas aktuell deutet.

„Mit der Natur reden" (Heyne Verlag; Autor: Michael Roads)
Wunderbares Buch, welches verdeutlicht, dass die Natur viel mehr zu bieten hat, als wir es für möglich halten

„JETZT – Die Kraft der Gegenwart" (J. Kamphausen Verlag; Autor: Eckhart Tolle)
Kein anderes Buch beschreibt die Gegenwart, das JETZT, so ausführlich wie E. Tolle.